Περιεχόμενα (contents)

Πρόλογος (prologue)

This book is designed for people who learn Greek as well as for those (Greeks or/and foreigners) who wish to maintain / improve their language skills in Greek. This book is not addressed to total beginners, but to people that already have some experience in Greek.

As a result of several years of teaching we may say that by using this book as your workbook, you will be able to understand the differences but most importantly the similarities between Greek and English. Especially regarding the verbs, a lot of things are the same, or common, whereas only a few of them are completely different. The main purpose of this workbook is not to make you understand English grammar. That's why we focus on translating as close as possible to the Greek way of thinking and speaking rather than on staying loyal to English grammar rules and being 100% "grammatically correct".

In Greek, there are two main verb categories, the verbs ending at -ω (active voice) and the verbs ending at -μαι (passive voice). In this workbook, we will thoroughly examine only the second category. In modern Greek verbs ending at -μαι are divided into three categories (-ομαι / -άμαι, - ιέμαι and -ούμαι). In modern Greek there are several cases in which the same verb can be found in both - ιέμαι and -ούμαι forms. We chose to use them both, so that the student has the opportunity to engage himself in both of them. Regarding the structure of the book, the student will find exercises with all tenses of these verbs. Every tense in Greek is divided into three different difficulty categories. At the end of every tense, the student will find some revision exercises which include all three categories. We selected some verbs that we consider important and we deliberately use them again and again at many examples so that we will help every student memorize and remember them. We advise you to follow the structure of the book because it will give you the tools you need to learn Greek not only correctly, but also fast.

The main purpose of this book is the mere practice of Greek grammar and under no circumstances could it either substitute a teacher or any other book which includes a complete teaching method for the apprehension of the Greek language. To help each English speaker, every example is followed by an English translation. The only cases in which there is no translation/explanation are some revision exercises where the student has to choose the right tense to use. Having an explanation next to the gap would be equal to giving the correct answer.

Once again, we would like to clarify that many errors you may find in the translation are made deliberately so that the Greek way of speaking, writing, and thinking is understandable through the English language, not the other way around.

In this grammar journey, English is our compass, not our destination.

Enjoy it and keep learning Greek as much as you can.

Ενεστώτας (present tense)
Άσκηση 1 (exercise 1)

1) Η πόρτα _____*βρίσκεται*_____ στο κέντρο του σπιτιού. (βρίσκομαι)   *The door lies at the center of the house.*

2) Το παιχνίδι _____ σύμφωνα με τους κανόνες.   (παίζομαι) *The game is played according to the rules.*

3) Σάκη, δεν _____ η μουσική, μπορείς να την δυναμώσεις; (ακούγομαι)   *Sakis, the music cannot be heard, can you amplify it?*

4) Η Αριάνα πάντα _____ πριν βγει έξω για ποτό.   (βάφομαι) *Ariana always puts make-up before going out for a drink.*

5) Εμείς _____ από το σχολείο.   (έρχομαι)   *We are coming from school.*

6) Συγγνώμη, μπορείτε να μου πείτε πως _____ αυτή η λέξη; (γράφομαι)   *Excuse me, can you tell me how this word is written?*

7) Μην φωνάζετε παιδιά, γιατί οι γονείς σας _____ . (κοιμάμαι)   *Children don't yell because your parents are sleeping.*

8) Γεια σας, δεν ξέρω αν με _____ , είμαι ένας παλιός γείτονάς σας.   (θυμάμαι)   *Hello, I don't know if you remember me, I am an old neighbor of yours.*

9) _____ , αλλά δεν σας θυμάμαι.   (λυπάμαι)   *I am sorry, but I don't remember you.*

10) Ο αγώνας είναι χάλια, δεν _____ .   (βλέπομαι)   *The game is awful, it does not worth to be seen.*

Άσκηση 2 (exercise 2)

1) Ο ακροβάτης _____ *κρατιέται* _____ από ένα λεπτό σκοινί. (κρατιέμαι) *The acrobat is being held by a thin rope.*

2) Τα πλοία _____ από τα κύματα. (χτυπιέμαι) *The ships are getting hit by the waves.*

3) Ακόμα _____ αν τελικά είχα δίκιο ή όχι. (αναρωτιέμαι) *I am still wondering if at the end I was right or not.*

4) Είναι αλήθεια ότι ο Νίκος κι εσύ δεν _____ ; (μιλιέμαι) *Is it true that Nikos and you don't talk to each other?*

5) Ναι είναι, γιατί αυτό που μου έκανε δεν _____ . (ξεχνιέμαι) *Yes it is, because what he did cannot be forgotten.*

6) Το καταλαβαίνω, αλλά τόσα χρόνια φιλίας δεν _____ τόσο εύκολα. (ξεχνιέμαι) *I understand (it), but so many years of friendship are not forgotten that easily.*

7) Το φαντάζομαι ότι _____ πολύ τελευταία, αλλά δεν με ενδιαφέρει. (συζητιέμαι) (εμείς) *I guess (it) that we are discussed a lot lately, but I don't care.*

8) Εσύ πιστεύεις ότι _____ για έξυπνος; (περνιέμαι) *Do you think that you look like a clever guy?*

9) Τώρα πια όταν βλεπόμαστε από μακριά δεν _____ . (χαιρετιέμαι) *When we see each other from a distance, we don't wave at each other anymore.*

10) Ορισμένα πράγματα δεν _____ , είναι αξίες. (πουλιέμαι) *Some things are not for sale, they are values.*

Άσκηση 3 (exercise 3)

1) Σχεδόν όλοι οι άνθρωποι νιώθουν ότι _____*αδικούνται*_____ από τους άλλους. (αδικούμαι) *Almost everybody feels wronged by the others.*

2) Νομίζω ότι εσείς _____ από την συμπεριφορά μου χωρίς λόγο. (ενοχλούμαι) *I think that you are disturbed by my behavior without a reason.*

3) Η γαλλική σαμπάνια _____ η καλύτερη στον κόσμο. (θεωρούμαι) *French champagne is considered the best in the world.*

4) Στην Ελλάδα το κρασί _____ περισσότερο από την μπύρα. (προτιμούμαι) *In Greece the wine is preferred more than the beer.*

5) Το ξέρω ότι δεν _____ για αυτό που έκανα, αλλά θέλω να ζητήσω συγγνώμη. (συγχωρούμαι) *I know that I am not forgiven (I cannot be forgiven) for what I did, but I want to apologize.*

6) Τα όσα έγιναν πέρυσι _____ ακόμη και σήμερα. (συζητούμαι) *Those (things) that happened last year are discussed until today.*

7) Αυτά τα εργαλεία _____ από τους ηλεκτρολόγους. (χρησιμοποιούμαι) *These tools are used by (the) electricians.*

8) Από αυτήν την ενέργεια της κυβέρνησης _____ όλοι μας. (ωφελούμαι) (εμείς) *From this government act, all of us will benefit.*

9) Εγώ προσωπικά _____ να πιστέψω ότι όλα αυτά είναι αλήθεια. (αρνούμαι) *I personally refuse to believe that all these (things) are true.*

10) Τα παιδιά συχνά _____ τους γονείς τους. (μιμούμαι) *(The) children often imitate their parents.*

Επαναληπτικές ασκήσεις (revision exercises)

1) Πολλοί άνθρωποι _____ την τύχη τους όταν κάποιος της οικογένειάς τους παθαίνει κάτι κακό. (καταριέμαι) *Many people curse their luck when something bad happens to someone of their family.*

2) Εμείς _____ πραγματικά για την απώλειά σας. (λυπάμαι) *We are truly sorry for your loss.*

3) Εσείς παιδιά _____ όλο και μεγαλύτεροι. Τι τρώτε; (γίνομαι) *You guys are getting bigger and bigger. What do you eat?*

4) Μαρία μην _____ , όλα θα πάνε καλά. (φοβάμαι) *Maria, don't be afraid. Everything is going to be ok.*

5) Νομίζω ότι εσύ _____ ξεκούραση. (χρειάζομαι) *I think that you need (some) rest.*

6) Εγώ από την άλλη πιστεύω ότι δεν _____ τίποτα από χτες το βράδυ. (θυμάμαι) (εσύ) *On the other hand, I don't believe that you don't remember anything from last night.*

7) Σε κάθε πόλεμο _____ πολλοί άνθρωποι. (σκοτώνομαι) *In every war a lot of people are killed.*

8) Κύριε Γιαννακά, στην πόλη μας _____ ο καλύτερος ηθοποιός. (θεωρούμαι) *Mister Yannakas, in our town you are considered the best actor.*

9) Παρακαλώ κύριε, μην _____ . Κρατήστε την θέση σας. (ενοχλούμαι) *Please Sir, do not bother. Keep your seat.*

10) Όταν μιλάω στο τηλέφωνο συνήθως _____ . (ξεχνιέμαι) *When I speak on the phone, I usually get carried away.*

Απλός μέλλοντας (simple future)
Άσκηση 1 (exercise 1)

1) Γιώργο, πότε _____*θα παντρευτείς*_____ την Δανάη; (παντρεύομαι)
Giorgos, when will you marry Danae?

2) Ο Γιάννης _____ ξανά στο γυμναστήριο αυτόν τον μήνα.
(γράφομαι) *Yannis will be enrolled again at the gym this month.*

3) Μαρία και Ειρήνη, _____ για το πάρτυ απόψε ή όχι;
(βάφομαι) *Maria and Eirini, will you make-up yourselves for the party tonight or not?*

4) Εμείς _____ σε μια εταιρεία τροφίμων τον επόμενο μήνα.
(εργάζομαι) *We will work at a food company next month.*

5) Ο Γιάννης και ο Σάκης _____ αύριο το μεσημέρι.
(κοιμάμαι) *Yannis and Sakis will sleep tomorrow noon.*

6) Εγώ _____ όταν φτάσω σπίτι. (πλένομαι) *I will wash myself when I arrive home.*

7) Αυτοί _____ πολύ όταν μάθουν τα νέα. (φοβάμαι) *They will be very scared when they learn the news.*

8) Αν τα κάνεις όλα αυτά μόνος σου, σίγουρα _____ πολύ.
(κουράζομαι) *If you do all these (things) alone, you will definitely get very tired.*

9) Κύριε Μανώλη, _____ κάτι άλλο ή να φύγω; (χρειάζομαι)
Mister Manolis, will you need anything else, or shall I leave?

10) Αν σου συμβεί κάτι, εγώ _____ πολύ. (λυπάμαι) *If something happens to you, I will be very sorry.*

Άσκηση 2 (exercise 2)

1) Την 28η Οκτωβρίου _____ *θα συναντηθούν* _____ όλοι οι στρατιώτες στο Σύνταγμα. (συναντιέμαι) *At 28 of October, all soldiers will be met at Syntagma.*

2) Αν έρθετε στην γιορτή μου αύριο, εγώ _____ πολύ. (ευχαριστιέμαι) *If you come to my celebration (names day) tomorrow, I will be very happy.*

3) Οι μαύρες μπλούζες _____ πολύ φέτος. (φοριέμαι) *Black shirts will be worn a lot this year.*

4) Τα προβλήματα της εταιρείας _____ στο αυριανό συμβούλιο. (συζητιέμαι) *The problems of the company will be discussed at the tomorrow's meeting.*

5) Παιδιά μην αφήσετε τον Νίκο μόνο του όλο το απόγευμα, _____ . (βαριέμαι) (αυτός) *Guys, do not leave Nikos alone the whole afternoon, he will get bored.*

6) Εσύ πιστεύεις ότι αύριο θα νικήσεις ή ότι _____ ; (νικιέμαι) *Do you believe that tomorrow you will win or that you will lose?*

7) Εμείς _____ αν δεν λυθεί η παρεξήγηση. (στεναχωριέμαι) *We will be sorry if the misunderstanding is not solved.*

8) Αύριο όσα τρόφιμα είναι χαλασμένα _____ . (πετιέμαι) *Tomorrow any spoiled food will be thrown away.*

9) Του χρόνου το διαμέρισμά μας _____ . (πουλιέμαι) *Next year our apartment will be sold.*

10) Εσύ Πάνο _____ στον προϊστάμενό σου για το πρόβλημα; (παραπονιέμαι) *Panos, will you complain to your supervisor for the problem?*

Άσκηση 3 (exercise 3)

1) Με αυτήν την πολιτική εμείς _____*θα οδηγηθούμε*_____ στην καταστροφή. (οδηγούμαι) *With this policy we will be led up to disaster.*

2) Αύριο το βράδυ εγώ _____ μια ιστορία στα ανίψια μου. (διηγούμαι) *Tomorrow night I will narrate a story to my nephews and nieces.*

3) Ο Γιωργάκης _____ πολλή ώρα με το νέο του παιχνίδι. (απασχολούμαι) *Giorgakis will be occupied for a long time with his new toy.*

4) Αυτές πήραν την απόφασή τους. Τον άλλο μήνα _____ από την δουλειά τους. (παραιτούμαι) *They took their decision. Next month they will quit their job.*

5) Αν ο γιός μου γίνει γιατρός, εγώ _____ βαθιά. (συγκινούμαι) *If my son becomes a doctor, I will be touched deeply.*

6) Αν πεις αυτό στην ομιλία σου, _____ προκλητικό. (θεωρούμαι) *If you say this in your speech, it will be considered provocative.*

7) Τα χρήματα των κληρονόμων, _____ . (διαιρούμαι) *The money of the inheritors will be divided.*

8) Οι πατάτες _____ την άνοιξη. (καλλιεργούμαι) *Potatoes will be cultivated in spring.*

9) Εσύ τελικά _____ την πρόταση της Ιωάννας; (αρνούμαι) *Will you finally refuse Ioanna's proposal?*

10) Εσείς _____ πολύ στο ταξίδι σας λόγω του κορωνοϊού. (ταλαιπωρούμαι) *You will be troubled a lot in your journey due to coronavirus.*

Επαναληπτικές ασκήσεις (revision exercises)

1) Αύριο δεν _____ στο γραφείο μου. (εργάζομαι) *Tomorrow I will not work at my office.*

2) Η Μαρία σε λίγο _____ . (κοιμάμαι) *Maria will sleep in a little bit.*

3) Αν ο Χρήστος και ο Γιώργος μείνουν πολλές ώρες μαζί _____ . (τσακώνομαι) *If Christos and Giorgos stay together many hours, they will fight.*

4) Εμείς _____ αργότερα με αυτό το θέμα. (ασχολούμαι) *We will deal with this matter later.*

5) Το παιδί της Πηνελόπης _____ τον επόμενο μήνα. (γεννιέμαι) *Penelope's child will be born next month.*

6) Έχουμε αργήσει κορίτσια, εσείς _____ στο αυτοκίνητο. (βάφομαι) *We are late girls; you will put on make-up in the car.*

7) Εσύ _____ αργότερα με τους φίλους σου ή όχι; (συναντιέμαι) *Will you meet (be met) with your friends later, or not?*

8) Ακόμα και αν μου δώσει όλα τα λεφτά του κόσμου, εγώ _____ την πρότασή της. (αρνούμαι) *Even if she gives me all money in the world, I will refuse her proposal.*

9) Τα παιδιά _____ πολύ αν πάτε στο πάρτυ τους. (χαίρομαι) *The kids will be very happy if you come (go) to their party.*

10) Η Ελένη _____ να πει στον Νίκο για την συνάντηση. (θυμάμαι) *Eleni will remember to tell Nikos about the meeting.*

Απλή υποτακτική (simple subjunctive mode)
Άσκηση 1 (exercise 1)

1) Όταν γυρίσω στο σπίτι πρέπει _____*να πλυθώ*_____ . (πλένομαι)
When I come back home, I should have a bath.

2) Ο Αχιλλέας είπε πως δεν θέλει _____ ποτέ. Θα ζήσει μόνος του. (παντρεύομαι)   *Achilleas said that he does not want to get married. He will live on his one.*

3) Το παιχνίδι πρέπει _____ σύμφωνα με τους κανόνες. (παίζομαι)   *The game must be played according to the rules.*

4) Αυτές δεν χρειάζεται _____ πολύ, το πρόβλημα θα λυθεί από μόνο του. (σκέφτομαι)   *They don't need to think a lot; the problem will be solved on its own.*

5) Σωκράτη, την επόμενη φορά που θα εξεταστείς προσπάθησε

_____ όλα όσα ξέρεις. (θυμάμαι)   *Socrates, next time that you will be examined, try to remember everything you know.*

6) Εμείς προτιμούμε _____ σήμερα και όχι αύριο. (κουράζομαι)   *We prefer to get tired today, rather than (and not) tomorrow.*

7) Εσείς μπορείτε _____ σε εμάς. (στηρίζομαι)   *You can count on us.*

8) Η Νικόλ θα αργήσει. Έχει _____ . (βάφομαι)   *Nicol will be late. She has to put on make-up.*

9) Ο Παναγιώτης και ο Μάκης σκέφτονται _____ νωρίς απόψε. (κοιμάμαι)   *Panagiotis and Makis are thinking to sleep early tonight.*

10) Εσείς δεν πρέπει _____ στο πάρτυ. (παρευρίσκομαι)   *You must not assist to the party.*

Άσκηση 2 (exercise 2)

1) Η Αφροδίτη ελπίζει _____*να συναντηθεί*_____ σήμερα με τον διευθυντή της. (συναντιέμαι) *Aphrodite hopes to meet her headmaster today.*

2) Δεν θέλω να πάω στο χωριό επειδή μπορεί _____ . (βαριέμαι) *I don't want to go to the village because I may get bored.*

3) Αυτό το γραφείο είναι πολύ βαρύ. Δεν μπορεί _____ καθόλου. (τραβιέμαι) *This desk is too heavy. It cannot be pulled at all.*

4) Τα ληγμένα παγωτά πρέπει _____ . (πετιέμαι) *Expired ice creams should be thrown away.*

5) Εσύ και η Μαρία δεν χρειάζεται _____ για αυτό που θα γίνει. (στεναχωριέμαι) *You and Maria don't need to feel sorry about what is going to happen.*

6) Εμείς πρέπει _____ στον καθρέφτη. (κοιτάζομαι) *We should look ourselves at the mirror.*

7) Αυτό το θέμα είναι αναγκαίο _____ άμεσα. (συζητιέμαι) *This issue must be discussed immediately.*

8) Ο προϊστάμενος λέει ότι οι υπάλληλοι δεν έχουν _____ για τίποτα. (παραπονιέμαι) *The supervisor says that employees do not have anything to complain for.*

9) Εσείς πρέπει _____ την ζωή σας τώρα που είστε νέοι. (ευχαριστιέμαι) *You should enjoy your life now that you are young.*

10) "Εμείς μπορεί _____ πιο μετά" είπε αυτή, και δεν την είδα ποτέ ξανά; (τηλεφωνιέμαι) *"We may talk to the phone later" she said, and I never saw her again.*

Άσκηση 3 (exercise 3)

1) Ο στόχος σου πρέπει πάντοτε _____*να ακολουθηθεί*_____ , αν θέλεις να πετύχεις. (ακολουθούμαι) *Your aim must be always followed, if you want to succeed.*

2) Φέτος καλό είναι _____ τα τοπικά προϊόντα. (προτιμούμαι) *This year it is good that (the) local products are preferred.*

3) Ίσως κάποιοι από εσάς _____ με αυτό που θα πω. (ενοχλούμαι) *Maybe some of you get upset with what I will say.*

4) Μισό λεπτό παρακαλώ, νομίζω ότι εγώ πρέπει _____ . (εξηγούμαι) *One moment please, I think that I have to explain myself.*

5) Σήμερα ο Σάκης είναι στεναχωρημένος, επειδή πρέπει _____ από την εταιρεία. (παραιτούμαι) *Today Sakis is sad, because he has to quit from the company.*

6) Ίσως θα έπρεπε _____ οι σκέψεις σου, προτού να πάρεις την απόφασή σου. (τακτοποιούμαι) *Your thoughts maybe should be cleared up, before you take your decision.*

7) Από αυτήν την απόφαση δεν πρέπει _____ κανένας. (αδικούμαι) *From this decision, nobody should be wronged.*

8) Εμείς δεν θέλουμε _____ ένοχοι. (θεωρούμαι) *We don't want to be considered guilty.*

9) Τελικά πρέπει _____ περισσότερες μάσκες εξαιτίας του κορωνοϊού. (χρησιμοποιούμαι) *Eventually more masks must be used due to coronavirus.*

10) Αυτό το συγκεκριμένο κόσμημα είναι πολύ όμορφο και δεν νομίζω _____ λιγότερο από πέντε χιλιάδες ευρώ. (πωλούμαι) *This particular jewel is very beautiful and I don't think it to be sold less than five thousand euros.*

Επαναληπτικές ασκήσεις (revision exercises)

1) Τα ρούχα μας καλό είναι _____ στους 30 βαθμούς Κελσίου. (πλένομαι) *It is good for our clothes to be washed at 30 degrees.*

2) Αυτό το κινητό πρέπει _____ 200 ευρώ. (πωλούμαι) *This cell phone has to be sold 200 euros.*

3) Με ποιον πάει _____ η αδερφή σου Ορέστη; (φιλιέμαι) *With whom is going to be kissed your sister, Orestis?*

4) Παιδιά, θέλετε _____ μαζί μας; Ή θα πάτε αλλού; (έρχομαι) *Hey guys, do you want to come with us? Or will you go elsewhere?*

5) Εμείς πρέπει _____ στο σπίτι της Σοφίας απόψε. (κοιμάμαι) *We should sleep at Sophia's tonight.*

6) Εσύ καλό είναι _____ το αυριανό σου ταξίδι. (ευχαριστιέμαι) *You have better to enjoy your tomorrow's journey.*

7) Εγώ μπορεί _____ αν αυτός έρθει στο σπίτι μου. (ενοχλούμαι) *I may be disturbed in case he comes to my house.*

8) Ο Αντώνης και η Ελένη θέλουν _____ τον άλλο μήνα. (παντρεύομαι) *Antonis and Eleni want to get married next month.*

9) Δεν μπορείτε να τα κάνετε όλα μόνοι σας. Πρέπει _____ . (βοηθούμαι) *You cannot do everything on your own. You have to be helped.*

10) Αντιγόνη, προσπάθησε _____ σε παρακαλώ, αυτό το θέμα είναι πολύ σημαντικό. (θυμάμαι) *Antigone, please try to remember, this issue is very important.*

Αόριστος (simple past)
Άσκηση 1 (exercise 1)

1) Χθες εγώ _____ *κρύφτηκα* _____ από τα ξαδέρφια μου επειδή παίξαμε κρυφτό. (κρύβομαι) *Yesterday I hid myself from my cousins, because we played hide and seek.*

2) Την περασμένη Τετάρτη ο Σάκης _____ πολύ στο γραφείο. (κουράζομαι) *On previous Wednesday, Sakis got very tired at the office.*

3) Εσείς φέτος _____ πολλά πράγματα στο σχολείο. (διδάσκομαι) *This year you were taught many things at school.*

4) Ο Αποστόλης κι εγώ πριν από ένα μήνα _____ την Κρήτη. (επισκέπτομαι) *Apostolis and I visited Crete before one month.*

5) Η Μάγδα και η Ειρήνη _____ για αυτόν τον μήνα την περασμένη Πέμπτη. (πληρώνομαι) *Magda and Eirini were paid for this month on previous Thursday.*

6) Ο Γιάννης δεν _____ τα γενέθλιά μου πέρυσι. (θυμάμαι) *Giannis didn't remember my birthday last year.*

7) Ο Στέλιος και ο Αντώνης _____ χρήματα από την τράπεζα πριν από μερικά χρόνια. (δανείζομαι) *Stelios and Antonis lent money from the bank several years ago.*

8) Μαρία, εσύ _____ χθες με αυτό το σαμπουάν; (λούζομαι) *Maria, did you wash your hair with this shampoo yesterday?*

9) Εμείς προχτές _____ πολύ αργά. (κοιμάμαι) *Two days before, we slept very late.*

10) Εσύ τι _____ όταν έμαθες τα νέα; (αισθάνομαι) *What did you feel when you learned the news?*

Άσκηση 2 (exercise 2)

1) Ο γιός τους _____*γεννήθηκε*_____ πριν από δύο μέρες. (γεννιέμαι)
Their son was born two days ago.

2) Πέρυσι εγώ _____ από ένα αυτοκίνητο. (χτυπιέμαι) *Last year I got hit by a car.*

3) Πότε _____ αυτή η φωτογραφία; Φαίνεται πολύ παλιά. (τραβιέμαι) *When was this picture taken? It seems very old.*

4) Εμείς _____ από τον γείτονά μας πέρυσι. (αγαπιέμαι) *We were loved by our neighbor last year.*

5) Εσείς _____ στο ταξίδι σας στην Αμερική πριν από δέκα χρόνια; (ταλαιπωριέμαι) *Did you have a hard time on your journey in America ten years ago?*

6) Ο Πέτρος και η Τασία _____ τυχαία προχτές. (συναντιέμαι) *Petros and Tasia were met by chance two days ago.*

7) Εσύ _____ για αυτό που έγινε πριν από τρεις μήνες; (στεναχωριέμαι) *Did you feel sad about what happened three months ago?*

8) Αυτοί εχτές _____ στο αφεντικό τους για τους μισθούς τους. (παραπονιέμαι) *Yesterday they complained to their boss about their salaries.*

9) Εγώ _____ χθες επειδή η ομάδα μου κέρδισε. (ευχαριστιέμαι) *Yesterday I was really happy because my team won.*

10) Πριν μία ώρα έγινε ένα λάθος. Ένα κινητό _____ στα σκουπίδια, αλλά ήταν καινούργιο. (πετιέμαι) *There was a mistake an hour ago. A cell phone was thrown into the rubbish (bin) but it was new.*

Άσκηση 3 (exercise 3)

1) Πριν από μερικά χρόνια το σπίτι μας _____*πωλήθηκε*_____ εκατό χιλιάδες ευρώ. (πωλούμαι) *A few years ago, our house was sold 100.000 euros.*

2) Εχθές θεωρώ ότι _____ από τον διαιτητή. (αδικούμαι) *Yesterday I think that I was wronged by the referee.*

3) Όλα τα θέματα _____ διεξοδικά στο συμβούλιο. (συζητούμαι) *Every topic was thoroughly discussed at the council.*

4) Εσύ _____ με αυτό που είπε η Μαρία. Το κατάλαβα από τον τρόπο που την κοίταξες. (ενοχλούμαι) *You got upset with what Maria said. I understood it by the way you looked at her.*

5) Εμείς _____ από τα χθεσινά γεγονότα. Ελπίζουμε να μην είμαστε οι μόνοι. (ωφελούμαι) *We took advantage of the yesterday's events. We hope that we are not the only ones.*

6) Εσείς _____ αυτήν την ιστορία πριν από μία εβδομάδα και άρεσε σε όλους. (αφηγούμαι) *You narrated this story one week ago, and everybody liked it.*

7) Εκείνο το αυτοκίνητο _____ από εμένα προχτές. (χρησιμοποιούμαι) *That car was used by me two days ago.*

8) Όλα αυτά τα αρχαία κείμενα _____ από ειδικούς. (μελετούμαι) *All these ancient texts were studied by specialists.*

9) Εγώ _____ από το αφεντικό για εκείνη την θέση, επειδή είχα προϋπηρεσία. (προτιμούμαι) *I was prefered by the boss for that job, because I had work experience.*

10) Ο Δημήτρης _____ τον γνωστό κωμικό με μεγάλη επιτυχία. (μιμούμαι) *Dimitris imitated the famous comedian with big success.*

Επαναληπτικές ασκήσεις (revision exercises)

1) Ο Αντρέας και η Ευγενία χθες το βράδυ _____ μαζί.
(κοιμάμαι) *Andreas and Eugenia slept together last night.*

2) Τα θέματα των εξετάσεων _____ στους μαθητές στις εννέα
ακριβώς. (δίνομαι) *The topics of the exams were given to students at nine o'
clock.*

3) Εσύ προχτές _____ από τον ώμο του Νίκου; (κρατιέμαι)
Two days before, were you held by Nick's shoulder?

4) Εσείς _____ κάτω από αυτήν την γέφυρα πριν από τρία
χρόνια. (συναντιέμαι) *You were met under this bridge three years ago.*

5) Τι _____ ρε παιδιά; Τι ήταν αυτός ο θόρυβος; (γίνομαι)
What happened guys? What was that sound?

6) Εμείς _____ πολύ με την στάση σας. Θέλουμε να το ξέρετε.
 (ενοχλούμαι) *We were quite bothered by your attitude. We want you to know
that.*

7) Λευτέρη, τι ώρα _____ στο σπίτι χτες; (έρχομαι) *Lefteris,
what time did you come home last night?*

8) Το πρόβλημα _____ από τον καθηγητή πολύ λεπτομερώς.
(εξηγούμαι) *The problem was explained by our professor quite thoroughly.*

9) Εγώ _____ πραγματικά τον σεισμό του 1999. (φοβάμαι) *I
was really scared (during) the earthquake of 1999.*

10) Εσείς _____ προχτές το βράδυ πού πήγε ο γιός σας;
Έφυγε χωρίς να πει τίποτα. (αναρωτιέμαι) *Did you wonder where did your son
go two nights before? He left without a word.*

Παρατατικός (past continuous)

Άσκηση 1 (exercise 1)

1) Ο Αποστόλης όταν ήταν μικρός _____*γυμναζόταν*_____ κάθε μέρα. (γυμνάζομαι) *When Apostolis was young, he was working out every day.*

2) Χθες όλη την ημέρα εμείς _____ περίεργα. (αισθάνομαι) *Yesterday we were feeling weird the whole day.*

3) Όταν ήμασταν παιδιά _____ στην πλατεία. (μαζεύομαι) *When we were kids, we were gathering at the square.*

4) Εσύ _____ "Πετρόπουλος", αλλά μετά τον γάμο άλλαξες το όνομά σου σε "Παύλου". (λέγομαι) *You were being called "Petropoulos", but after the marriage you changed your name to "Pavlou".*

5) Εγώ όταν ήμουν μικρός _____ το σκοτάδι. (φοβάμαι) *When I was young, I was afraid of the dark.*

6) Εσείς όλο το βράδυ _____ για το διαγώνισμα. (ετοιμάζομαι) *You were getting prepared all night for the exam.*

7) Αυτές χτες _____ όλο το απόγευμα. (κοιμάμαι) *Yesterday they were sleeping all afternoon long.*

8) Ο Σωκράτης πέρυσι για τρεις μήνες _____ στο βραδινό δελτίο καιρού στην τηλεόραση. (εμφανίζομαι) *Last year Socrates was making an appearance at the evening weather forecast on television.*

9) Εγώ την προηγούμενη Τετάρτη δεν έφαγα πρωινό και _____ όλο το πρωί. (ζαλίζομαι) *On previous Wednesday I didn't eat (any) breakfast, and I was feeling dizzy the whole morning.*

10) Τα δωμάτια στο ξενοδοχείο που δούλευα _____ καθημερινά. (καθαρίζομαι) *The rooms at the hotel where I was working were being cleaned daily.*

Άσκηση 2 (exercise 2)

1) Όλη την προηγούμενη εβδομάδα εγώ _____*βαριόμουν*_____ . (βαριέμαι)
   The whole last week I was being bored.

2) Χτες ο Γεράσιμος _____ το λάθος του. (αρνιέμαι)
   Yestersay Gerasimos was refusing his error.

3) Παλιά αυτοί _____ για πολλά πράγματα. (αναρωτιέμαι)
   In the past they were wondering about many things.

4) Όταν πηγαίναμε σχολείο _____ συχνά. (παραπονιέμαι)
   When we were going to school, we were complaining often.

5) Μπήκα στο δωμάτιο όταν εσύ _____ με τον διευθυντή.
   (χαιρετιέμαι) *I entered the room while you were greeting with the director.*

6) Εσείς _____ για πολλές ώρες στο κέντρο της πόλης χωρίς
   χάρτη. (περιπλανιέμαι) *You were roaming for many hours at the center of the
   city without a map.*

7) Ο Βασίλης είπε ένα αστείο κι εμείς _____ στα γέλια για
   μισή ώρα. (χτυπιέμαι) *Vasilis said a joke and we were bursting into laughter
   for half an hour.*

8) Ενώ το θέμα _____ ακόμα, κάποιοι από σας έβγαλαν
   βιαστικά συμπεράσματα. (συζητιέμαι) *While the matter was still being
   discussed, some of you drew hasty conclusions.*

9) Εσύ _____ από την πόρτα του λεωφορείου όταν έγινε το
   ατύχημα. Για αυτόν τον λόγο δεν τραυματίστηκες. (κρατιέμαι) *You were being
   held by the bus door when the accident occurred. For this reason, you didn't get
   injured.*

Άσκηση 3 (exercise 3)

1) Ο αδερφός μου κι εγώ _____*βοηθούμασταν*_____ από τους γονείς μας όταν ήμασταν παιδιά. (βοηθούμαι) *My brother and I were being helped by our parents when we were kids.*

2) Ο Αλέξανδρος τους _____ όλους όταν ήταν μαθητής. (μιμούμαι) *Alexandros was imitating everyone when he was a pupil.*

3) Εσείς οι δύο χτες για τρεις ολόκληρες ώρες _____ την ίδια ιστορία. (αφηγούμαι) *You both were narrating the same story for three whole hours yesterday.*

4) Η Ελένη και η Νατάσα _____ όλο το απόγευμα με τα μαθήματά τους. (ασχολούμαι) *Eleni and Natasa were being occupied with their lessons the whole afternoon.*

5) Εγώ πέρυσι όλη την άνοιξη _____ στο ράγκμπι. (εξασκούμαι) *Last year I was practicing at rugby the whole spring.*

6) Το αυτοκίνητο _____ για πολύ ώρα με μεγάλη ταχύτητα χτες στην εθνική οδό. (κινούμαι) *The car yesterday was moving for a long time at high speed on the national road.*

7) Εσύ _____ για δύο χρόνια με αυτήν την ομάδα. Τώρα είναι η ώρα να φύγεις. (προπονούμαι) *You were being trained for two years with this team. Now it is time for you to leave.*

8) Εμείς _____ με κάποιες ταινίες κάθε φορά που τις βλέπαμε. (συγκινούμαι) *We were being moved by some movies every time that we were watching them.*

9) Ο Γιώργος και η Λεμονιά _____ καθημερινά στην δουλειά τους στο εργοστάσιο για πολλά χρόνια. (ταλαιπωρούμαι) *Giorgos and Lemonia were having daily a hard time at their work in the factory for many years.*

Επαναληπτικές ασκήσεις (revision exercises)

1) Αυτή η συσκευή _____*χρησιμοποιούνταν*_____ από τους αρχαίους Αιγύπτιους και από τους αρχαίους Ρωμαίους. (χρησιμοποιούμαι) *This device was used by the ancient Egyptians and by the ancient Romans.*

2) Εμείς _____ στο σπίτι σας όταν ξεκίνησε η βροχή. (έρχομαι) *We were coming to your house when the rain started.*

3) Ενώ η Μαρία μαγείρευε, εσύ _____ στον καναπέ. (κοιμάμαι) *While Maria was cooking, you were sleeping on the couch.*

4) Εσείς _____ σαν αδέρφια για πολλά χρόνια. (αγαπιέμαι) *You were being loved as brothers for many years.*

5) Καθώς εγώ _____ , χτύπησε το τηλέφωνο. (ξυρίζομαι) *While I was shaving the telephone rang.*

6) Αυτοί _____ για πολύ καιρό ποιον αγάπησε η Μαρία. (αναρωτιέμαι) *They were wondering for a long time, whom loved Maria.*

7) Εσύ αισθανόσουν ότι _____ καθώς έκανες σαφάρι στην Αφρική; (απειλούμαι) *Were you feeling that you were being threatened while you were doing safari in Africa?*

8) Εσείς _____ για το αποτέλεσμα των περσινών εκλογών. (φοβάμαι) *You were being afraid about the outcome of last year's election.*

9) Η Περσεφόνη _____ συνεχώς στην μητέρα της για το φαγητό. Δεν της άρεσε τίποτα. (παραπονιέμαι) *Persephone was complaining to her mother about the food. She didn't like anything.*

10) Αυτά τα δύο σπίτια _____ για πολλά χρόνια στο παρελθόν. (κατοικούμαι) *These two houses were being dwelt for many years in the past.*

Παρακείμενος (present perfect simple)
Άσκηση 1 (exercise 1)

1) Εσύ _____έχεις βρεθεί_____ ποτέ σε παρόμοια κατάσταση;
(βρίσκομαι)   *Have you ever been (found yourself) in a similar situation?*

2) Ο Μάριος _____ ήδη. Τι να του πω;   (έρχομαι)   *Marios has already arrived. What should I tell him?*

3) Αυτές _____ τρεις φορές από το πρωί.   (προσεύχομαι)   *They have prayed three times since morning.*

4) Εσείς _____ ποτέ την ζωή μας χωρίς την τεχνολογία;
(σκέπτομαι)   *Have you ever thought our life without technology?*

5) Εγώ _____ δύο φορές έξω το βράδυ.   (κοιμάμαι)   *I have slept outside at night twice.*

6) Εγώ κι ο αδερφός μου _____ ήδη αυτήν την γραμματική.
(διδάσκομαι)   *My brother and I have already been taught this grammar.*

7) Αυτές _____ στο δωμάτιό τους για τρεις ώρες. Πρέπει να είναι πολύ θυμωμένες.   (κλείνομαι)   *They have been locked in their room for three hours. They must be very angry.*

8) Εμείς _____ ήδη. Περιμένουμε τον υδραυλικό.
(σηκώνομαι)   *We have already got up. We are waiting (for) the plumber.*

9) Εγώ δεν _____ ποτέ μέχρι σήμερα. Μην με αναγκάσεις να το κάνω τώρα.   (ορκίζομαι)   *I have never sworn till today. Do not make me do it now.*

10) Εσείς _____ ποτέ ακούγοντας τρομακτικές ιστορίες;
(φοβάμαι)   *Have you ever been scared (by) listening to scary stories?*

Άσκηση 2 (exercise 2)

1) Εμείς _____*έχουμε χαιρετηθεί*_____ ήδη κύριε. Δεν το θυμάστε;
(χαιρετιέμαι) *We have already been greeted sir. Don't you recall it?*

2) Εσείς _____ πολλές φορές από το πρωί. (φιλιέμαι) *You have been kissed many times since morning.*

3) Εσείς _____ ποτέ αν υπάρχει ζωή σε άλλους πλανήτες;
(αναρωτιέμαι) *Have you ever wondered if there is life in other planets?*

4) Ο Κοσμάς _____ αρκετές φορές σε αυτήν την πόλη και την ξέρει καλά. (περιπλανιέμαι) *Kosmas has wandered several times in this city and he knows it well.*

5) Εγώ _____ να σε περιμένω τόση ώρα. Πότε θα έρθεις;
(βαριέμαι) *I have been bored waiting you for such o long time. When will you come?*

6) Αυτά τα σοβαρά προβλήματα δεν _____ καθόλου στην τηλεόραση. (συζητιέμαι) *These serious problems have not been discussed on television at all.*

7) Αυτό το τραγούδι _____ χιλιάδες φορές στα κλαμπ και στα μπαρ. (τραγουδιέμαι) *This song has been sung a thousand of times at clubs and at bars.*

8) Εσύ _____ ποτέ από κεραυνό; Εγώ όχι. (χτυπιέμαι)
Have you ever been hit by a thunder? I have not.

9) Εγώ _____ πολλές φορές για αυτό το πρόβλημα.
(παραπονιέμαι) *I have complained many times about this problem.*

10) Αυτοί _____ ήδη, αλλά δεν ξέρω τι έχουν πει.
(τηλεφωνιέμαι) *They have already talked to the phone (been phoned), but I do not know what they have said.*

Άσκηση 3 (exercise 3)

1) _____*Έχεις αδικηθεί*_____ ποτέ από τους γονείς σου; (αδικούμαι)
Have ever been wronged by your parents?

2) Εγώ _____ συχνά από τα λόγια άλλων. (στενοχωρούμαι)
I have often been upset (sad) by the words of others.

3) Ο Ντίνος _____ ήδη δύο φορές. (αφαιρούμαι) *Dinos has been already distracted twice.*

4) Εμείς δεν _____ από αυτό το πρόβλημα ποτέ.
(απασχολούμαι) *We have never been occupied with this problem.*

5) Εσείς _____ ποτέ αυτήν την ιστορία στα παιδιά σας;
(αφηγούμαι) *Have you ever narrated this story to your children?*

6) Αυτοί _____ ήδη σε αυτήν την καινούργια τεχνική.
(εξασκούμαι) *They have already practiced this new technique.*

7) Αυτό το νησί δεν _____ ποτέ από ανθρώπους.
(κατοικούμαι) *This island has never been inhabited by humans.*

8) Δυστυχώς δεν _____ ακόμα όλες οι επιθυμίες μου.
(πραγματοποιούμαι) *Unfortunately, all my desires haven't been fulfilled yet.*

9) Δεν θα ξαναπάω στην δουλειά. _____ ήδη από την θέση
μου. (παραιτούμαι) *I will not go back to work. I have already resigned.*

10) Αυτός ο τάφος δεν _____ ακόμα από τους αρχαιολόγους.
(χρονολογούμαι) *This tomb hasn't been dated by the archaeologists yet.*

Επαναληπτικές ασκήσεις (revision exercises)

1) Εσείς _____ ποτέ από τον διευθυντή; (απειλούμαι) *Have you ever been threatened by the principal?*

2) Ο Γιώργος και η Αναστασία δεν _____ ακόμα. (γνωρίζομαι) *Giorgos and Anastasia haven't (been) met yet.*

3) Εγώ _____ ήδη για το διαγώνισμα, πρέπει να διαβάσω. (αγχώνομαι) *I have already gotten nervous for the exam, I must study.*

4) Το παιδί τους δεν _____ ακόμα αλλά θα είναι αγόρι. (γεννιέμαι) *Their child hasn't been born yet, but it will be a boy.*

5) Λίτσα, γιατί δεν _____ ακόμα στο σπίτι; Σε περιμένουν τα παιδιά. (έρχομαι) *Litsa, why haven't you come at home yet? The children are waiting for you.*

6) Εμείς δεν _____ ποτέ σε ταράτσα. Σήμερα θα είναι η πρώτη φορά. (κοιμάμαι) *We have never slept on a rooftop. Today it will be the first time.*

7) Τα δέματα _____ δύο φορές μέχρι τώρα. (μετριέμαι) *The parcels have been counted twice until now.*

8) Ο Βαγγέλης _____ από χτες ότι έκανε λάθος. (παραδέχομαι) *Vaggelis has admitted since yesterday that he has been wrong.*

9) Εσύ _____ ποτέ εξαιτίας της συμπεριφοράς σου; (τιμωρούμαι) *Have you ever been punished due to your behavior?*

10) Νομίζω ότι εσείς _____ ήδη. Τώρα θα σας αποκαλύψω την αλήθεια. (φοβάμαι) *I think that you have been already scared. Now I will reveal you the truth.*

Υπερσυντέλικος (past perfect simple)
Άσκηση 1 (exercise 1)

1) Όταν εγώ μπήκα στο δωμάτιο, η Ελένη μόλις _____ *είχε κοιμηθεί* _____ .
(κοιμάμαι) When I entered the room, Eleni had just slept.

2) Αυτοί _____ πριν γεννηθείς εσύ. (παντρεύομαι) *They had been married before you were born.*

3) Εσύ _____ πριν σε πάρουμε από το σπίτι. (βάφομαι)
You had put on make-up before picking you up from home.

4) Εμείς _____ να σας περιμένουμε και φύγαμε.
(κουράζομαι) *We had gotten tired waiting for you, and we left.*

5) Εγώ _____ ότι χθες ήταν τα γενέθλιά σου προτού να μου το πεις. (θυμάμαι) *I had remembered that yesterday was your bithday, before you told me that.*

6) Εσείς _____ να πάτε διακοπές στην Ελλάδα πριν δείτε αυτήν την ταινία; (σκέφτομαι) *Had you thought about going for holidays in Greece before seeing this movie?*

7) Όταν έφτασες στο εστιατόριο, το φαγητό _____ ήδη.
(σερβίρομαι) *When you arrived at the restaurant, the food had already been served.*

8) Τα προβλήματα δεν _____ μέχρι να ζητήσουμε βοήθεια.
(λύνομαι) *The problems hadn't been solved until we asked help.*

9) Εμείς _____ ήδη αυτά τα μαθήματα πριν πάμε στο πανεπιστήμιο. (διδάσκομαι) *We had already been taught these subjects before going at the university.*

10) Σύμφωνα με την έρευνα, η βάρκα _____ πριν αρχίσει η καταιγίδα. (βυθίζομαι) *According to the investigation, the boat had been sunk before the storm started.*

Άσκηση 2 (exercise 2)

1) Η κόρη τους _____*είχε γεννηθεί*_____ πριν πάνε στο ταξίδι. (γεννιέμαι) *Their daughter had been born before they go to the trip.*

2) Εγώ _____ με εσένα πριν χαιρετηθώ με τον υπουργό. (χαιρετιέμαι) *I had been greeted with you before greeting the minister.*

3) Εσείς _____ πολύ από την μητέρα σας. (αγαπιέμαι) *You had been loved a lot by your mother.*

4) Εσύ _____ πολύ στις θάλασσες πριν αποφασίσεις να ζήσεις στην στεριά. (περιπλανιέμαι) *You had been wandered a lot at the seas before deciding to live on the land.*

5) Αυτές οι φωτογραφίες _____ ήδη προτού εσύ να έρθεις στο πάρτυ. (τραβιέμαι) *These photographs had already been taken before you come at the party.*

6) Εμείς _____ ήδη, πολύ πριν μας πάρεις τηλέφωνο. (βαριέμαι) *We had already been bored, long before you called us.*

7) Αυτό το τραπέζι _____ πριν από την άφιξή σας. (κρατιέμαι) *This table had been booked before your arrival.*

8) Εσείς _____ πολλές φορές πριν το πρώτο ραντεβού σας; (φιλιέμαι) *Had you been kissed many times before your first date?*

9) Εγώ _____ ένα νόστιμο φαγητό προτού αρχίσετε να φωνάζετε. (ευχαριστιέμαι) *I had enjoyed a tasty food before you started shouting.*

10) Τα διαμερίσματα του θείου μου _____ αρκετά χρόνια πριν την γέννησή μου. (πουλιέμαι) *My uncle's apartments had been sold several years before my birth.*

Άσκηση 3 (exercise 3)

1) Νομίζω ότι _____*είχα αδικηθεί*_____ από αυτόν πριν από εσένα. (αδικούμαι) *I think that I had been wronged by him before you.*

2) Η Μαρία _____ σε αδιέξοδο πριν ζητήσει δάνειο. (οδηγούμαι) *Maria had been leaded to a dead-end before asking a loan.*

3) Εσείς _____ πριν έρθει ο καινούργιος. (παραιτούμαι) *You had been quitted before the new guy arrived.*

4) Το αυτοκίνητό μου δεν _____ πριν από τον γάμο μου. (χρησιμοποιούμαι) *My car had not been used before my marriage.*

5) Εμείς _____ με τον Ορέστη, γι' αυτό σου έκανε αυτήν την έκπληξη. (συνεννοούμαι) *We had communicated with Orestis, that's why he did you this surprise.*

6) Το κατάλαβες ότι το δωμάτιό μου _____ ήδη όταν το είδες; (τακτοποιούμαι) *Did you understand (notice) that my room had already been put in order when you saw it?*

7) Ο Σπύρος και ο Χρήστος _____ από τις οικογένειές τους προτού να τους υιοθετήσουν. (παραμελούμαι) *Spiros and Christos had been neglected by their families before being adopted.*

8) Εγώ _____ πολύ λόγω των νέων, γι' αυτό έκλαιγα χτες το βράδυ. (συγκινούμαι) *I had been moved a lot due to the news, that's why I was crying yesterday night.*

9) Εσύ _____ για πολλούς μήνες πριν από τον αγώνα, ή απλά για λίγες εβδομάδες; (προπονούμαι) *Had you been trained for many months before the game, or just a few weeks?*

10) Αυτά τα κείμενα _____ από μοναχούς πριν από την επανάσταση. (μελετούμαι) *These texts had been studied by monks before the revolution.*

Επαναληπτικές ασκήσεις (revision exercises)

1) Ο Βασίλης _____ από εμένα πριν πάρει προαγωγή. (βοηθούμαι) *Vasilis had been helped by me before getting a promotion.*

2) Εσύ _____ πολύ προτού να μάθεις όλη την αλήθεια. (λυπάμαι) *You had been sad before learning the whole truth.*

3) Εγώ _____ ήδη όταν άκουσα την πόρτα να χτυπάει. (ντύνομαι) *I had already got dressed when I heard the door knocking.*

4) Ήξερα ότι η πράξη μου _____ ήδη. (συγχωρούμαι) *I knew that my deed had already been forgiven.*

5) Αυτές _____ πριν γενηθούν τα παιδιά τους. (παντρεύομαι) *They had been married before their children were born.*

6) Εμείς _____ με την κουβέντα και δεν καταλάβαμε ότι πέρασε η ώρα τόσο γρήγορα. (ξεχνιέμαι) *We had gotten carried away with the conversation and we didn't realize (understand) that the time went by so quickly.*

7) Αυτή _____ να μας δει στην Ισπανία πριν ταξιδέψει στην Αγγλία. (έρχομαι) *She had come to see us in Spain before travelling in England.*

8) Εσείς παιδιά _____ πριν μπείτε στο λεωφορείο, ή να το κάνουμε τώρα; (μετριέμαι) *You guys, had you been counted before entering the bus, or shall we do it now?*

9) Αυτοί _____ πραγματικά πριν να καταλάβουν ότι όλο αυτό ήταν μια πλάκα. (φοβάμαι) *They had really been scared before figuring out that all this was a joke.*

10) Μια φορά στο παρελθόν _____ στο σινεμά πριν το τέλος της ταινίας. (αποκοιμιέμαι) *Once in the past I fell asleep at the cinema, before the end of the movie.*

Συνεχής μέλλοντας (future continuous)
Άσκηση 1 (exercise 1)

1) Μαρία, από αύριο _____*θα κοιμάσαι*_____ πιο αργά. (κοιμάμαι)
Maria, (starting) from tomorrow you will be sleeping later.

2) Εγώ τον επόμενο μήνα _____ να σε βλέπω κάθε μέρα.
(έρχομαι)   *Next month I will be coming to see you every day.*

3) Εμείς την επόμενη εβδομάδα _____ πιο πολύ στην
δουλειά. (κουράζομαι)   *Next week we will be getting more tired at work.*

4) Αν συμβεί κάτι, αυτή _____ κάθε μέρα. (προσεύχομαι)   *If
something happens, she will be praying every day.*

5) Εσείς _____ αργά στις καλοκαιρινές διακοπές σας.
(σηκώνομαι)   *You will be getting up late on your summer holidays.*

6) Αυτοί _____ καθημερινά όταν θα πάνε στρατό. (ξυρίζομαι)
They will be getting shaved daily when they will go to the army.

7) Όλο τον χειμώνα οι νέοι _____ εδώ. (μαζεύομαι)   *The
whole winter the youngsters will be being gathered here.*

8) Κατά τη διάρκεια του φεστιβάλ μουσικής _____ δύο
συναυλίες κάθε μέρα μέχρι το τέλος του έτους. (διοργανώνομαι)   *During this
music festival two concerts will be being organized every day until the end of the
year.*

9) Εγώ _____ αρκετές ώρες κάθε εβδομάδα επειδή θέλω να
χάσω μερικά κιλά. (γυμνάζομαι)   *I will be working out several hours per week
because I want to lose some kilos.*

10) Εμείς _____ από την τηλεόραση μέχρι να αποκτήσουμε
σύνδεση στο ίντερνετ. (ενημερώνομαι)   *We will be getting informed by the
television until we get (acquire) an internet connection.*

Άσκηση 2 (exercise 2)

1) Μέχρι να ζητήσεις συγγνώμη, εγώ _____*θα αρνιέμαι*_____ να σου μιλήσω. (αρνιέμαι) *Until you apologize, I will be refusing to talk to you.*

2) Αφού δουλεύουμε μαζί, εμείς _____ συχνά. (συναντιέμαι) *Since we work together, we will be meeting each other often.*

3) Νομίζω ότι αυτοί οι δύο _____ για πολλή ώρα. (φιλιέμαι) *I think that these two will be kissing each other for a long time.*

4) Δεν τοποθέτησες σωστά το ράφι και _____ συνέχεια. (κουνιέμαι) *You didn't place the shelf properly and it will be being moved constantly.*

5) Εσείς _____ αύριο κατά τη διάρκεια της ομιλίας μου. (βαριέμαι) *Tomorrow you will be getting bored during my speech.*

6) Σάκη να ξέρεις ότι εσύ _____ κάθε φορά που κάποιος έχει γενέθλια. (κερνιέμαι) *Sakis, know that you will be getting free drinks every time that someone has birthday.*

7) Το πετρέλαιο _____ πιο ακριβά κάθε καλοκαίρι. (πουλιέμαι) *The oil will be being sold more expensively every summer.*

8) Τα χρήματά σας κύριε _____ στην τράπεζα μέχρι να αποφασίσετε τι θα τα κάνετε. (κρατιέμαι) *Your money Sir, will be being kept at the bank until you decide what to do with them.*

9) Εσείς _____ στο δάσος καθ' όλη την διάρκεια του παιχνιδιού. (περιπλανιέμαι) *You will be roaming around the forest throughout the game.*

10) Πες μου σε παρακαλώ ότι δεν _____ κάθε φορά που θα θυμάσαι τι συνέβη μεταξύ σας. (στενοχωριέμαι) *Tell me please that you will not be being sad every time that you will remember what happened between you.*

Άσκηση 3 (exercise 3)

1) Εγώ _____*θα ενοχλούμαι*_____ οποτεδήποτε θα μου λες αυτό.
(ενοχλούμαι) *I will be being disturbed whenever you will say that to me.*

2) Ο Αρχιμήδης _____ σκληρά όλη την σεζόν.
(προπονούμαι) *Archimedes will be being trained hard the whole season.*

3) Αυτά τα δύο διαμερίσματα δεν _____ για τους επόμενους δύο μήνες. (κατοικούμαι) *These two apartments will not be being resided for the next two months.*

4) Εμείς _____ με το λεωφορείο μέχρι να αγοράσουμε ένα αυτοκίνητο. (μετακινούμαι) *We will be being transferred by bus until we buy a car.*

5) Εσείς _____ σε δύο ομάδες κάθε φορά που θα παίζετε αυτό το παιχνίδι. (διαιρούμαι) *You will be being divided in two teams every time that you will be playing this game.*

6) Νίκο εσύ _____ όλη την μέρα με αυτό το άρθρο ή έχεις χρόνο για έναν καφέ; (ασχολούμαι) *Nikos, will you be being occupied with this article the whole day or (perhaps) have you time for a coffee?*

7) Ευτυχώς εγώ _____ όποτε αυτοί θα κάνουν λάθος.
(ωφελούμαι) *Fortunately, I will be benefiting each time they commit an error.*

8) Η Δέσποινα _____ για αυτήν την δουλειά μέχρι να βρεθεί κάποιος καταλληλότερος από αυτήν. (προτιμούμαι) *Despoina will be being preferred for this job until someone more suitable will be found.*

9) Ετοιμάσου επειδή εσύ αύριο _____ στους φίλους τις εμπειρείες σου από την Αφρική όλο το βράδυ. (αφηγούμαι) *Get ready because tomorrow you will be telling (narrating) your experiences from Africa to your friends all night long.*

Επαναληπτικές ασκήσεις (απλός ή συνεχής μέλλοντας)
Revision exercises (simple future or future continuous)

1) Από την επόμενη Δευτέρα εγώ _____ ότι όλα είναι καλά μεταξύ μας.   (προσποιούμαι)

2) Αύριο το μεσημέρι ο Νίκος _____ για καφέ στο κέντρο για δύο ώρες. Αν θέλεις μπορείς να πας μαζί του.   (βρίσκομαι)

3) Εσύ _____ να φέρεις γάλα όταν γυρίσεις στο σπίτι; Ή να το πω καλύτερα στην Ελένη;   (θυμάμαι)

4) Αυτοί αν και είναι ανώφελο, _____ κάθε φορά που θα μαθαίνουν ότι έχασε η ομάδα τους.   (στενοχωριέμαι)

5) Σε ένα μήνα ο Αντρέας και η Όλγα _____ . Ανυπομονώ να πάω στον γάμο τους.   (παντρεύομαι)

6) Την επόμενη εβδομάδα _____ ένα μεγάλο μας όνειρο: θα πάμε στην Αμερική!   (πραγματοποιούμαι)

7) Το επόμενο καλοκαίρι εμείς _____ κάθε μέρα. (ξεκουράζομαι)

8) Εσείς παιδιά αύριο _____ με όλους σας τους επειδή τελειώνει η σχολική χρονιά.   (αποχαιρετιέμαι)

9) Εγώ από εδώ και πέρα _____ πιο νωρίς το πρωί και θα κάνω γυμναστική.   (σηκώνομαι)

10) Ο Γιώργος μου είπε ότι εσείς _____ άμεσα από την δουλειά σας. Ελπίζω να μου έκανε πλάκα.   (παραιτούμαι)

Συνεχής υποτακτική (continuous subjunctive)
Άσκηση 1 (exercise 1)

1) Μην σταματάς _____*να ονειρεύεσαι*_____ ποτέ. (ονειρεύομαι) *Never stop dreaming.*

2) Θα ήθελα η κόρη μου _____ πιο επίσημα. (ντύνομαι) *I would like that my daughter gets dressed more formally.*

3) Εσείς πρέπει _____ τα παιχνίδια σας πάντοτε. (μοιράζομαι) *You must always share your toys.*

4) Εμείς θέλουμε _____ συνεχώς ξένες γλώσσες. (διδάσκομαι) *We want to be taught foreign languages continually.*

5) Αυτές θέλουν _____ κάθε φορά που πάνε έξω. (βάφομαι) *They want to put on make-up every time they go out.*

6) Εγώ χρειάζεται _____ πριν πάρω σημαντικές αποφάσεις. (σκέφτομαι) *I need to think before taking significant decisions.*

7) Μήτσο, δεν είναι καλό _____ με τα πάντα. (αστειεύομαι) (εσύ) *Mitsos, it is not good to make fun of everything.*

8) Εσείς είναι προτιμότερο _____ το πρωί. Έτσι θα βοηθήσετε το σώμα σας να χάσει βάρος. (γυμνάζομαι) *It is better for you to work out in the morning. By that way you will help your body lose weight.*

9) Η Ευσταθία συνηθίζει _____ κάθε βράδυ πριν κοιμηθεί. (προσεύχομαι) *Eustathia is used to pray every night before she goes to sleep.*

10) Εγώ δεν επιθυμώ _____ για πολλές ώρες κάθε μέρα.. (εργάζομαι) *I do not wish to work for many hours every day.*

Άσκηση 2 (exercise 2)

1) Εμείς θα συνεχίσουμε _____*να αρνούμαστε*_____ αυτήν την προσφορά. (αρνιέμαι) *We will continue to deny this offer.*

2) Πρέπει _____ πολλά παιδιά κάθε χρόνο επειδή ο μέσος όρος ηλικίας είναι χαμηλός. (γεννιέμαι) *Many children should (probably) be born every year, because the age average is low.*

3) Εσύ είναι πιθανόν _____ οποτεδήποτε μένεις μόνος. (βαριέμαι) *It is probable that you get bored whenever you stay alone.*

4) Εγώ θα ήθελα _____ όλη την ώρα για τα παιδιά μου, αλλά δεν το κάνω επειδή δεν είναι ωραίο. (καυχιέμαι) *I would like to boast all the time about my children, but I don't do it because it is not nice.*

5) Εσύ και η Γεωργία δεν πρέπει _____ στους γονείς σας για όλα. (παραπονιέμαι) *You and Georgia should not complain to your parents about everything.*

6) Ο Γιάννης θέλει _____ σε όλες τις πόλεις που επισκέπτεται όταν πηγαίνει ταξίδια. (περιπλανιέμαι) *Giannis wants to roam every city that he visits when he travels.*

7) Καλό είναι το χειμώνα _____ ζεστά ρούχα, ιδιαίτερα τις κρύες μέρες. (φοριέμαι) *It is advisable that warm clothes are worn in wintertime, especially during the cold days.*

8) Εγώ δεν θέλω _____ αυτό το θέμα όταν τρώμε. (συζητιέμαι) *I don't want that this subject be discussed when we eat.*

9) Εσύ προσπάθησε _____ αυτά που έχεις. (ευχαριστιέμαι) *Try to be pleased with what you have.*

10) Ο Αντώνης δεν επιθυμεί _____ με την γυναίκα του μπροστά στους γονείς της. (φιλιέμαι) *Antonis does not wish to be kissed with his wife in front of her parents.*

Άσκηση 3 (exercise 3)

1) Νίκο, θέλω το δωμάτιό σου _____*να τακτοποιείται*_____ καθημερινά. (τακτοποιούμαι) *Nikos, I want your room to be put in order daily.*

2) Εσείς καλό είναι _____ από μία δουλειά που δεν σας αρέσει καθόλου. (παραιτούμαι) *It is advisable (good) for you to quit from a job that you do not like at all.*

3) Εμείς προτιμούμε _____ παρά να αδικούμε. (αδικούμαι) *We prefer to be unjusted rather than to unjust.*

4) Τα μαθήματα πρέπει _____ λεπτομερώς. (εξηγούμαι) *The lessons must be explained in detail.*

5) Εγώ θέλω _____ ένα ειλικρινές άτομο. (θεωρούμαι) *I want to be considered an honest person.*

6) Εσύ δεν πρέπει _____ κάθε φορά που υπάρχει κάποιο πρόβλημα. (ενοχλούμαι) *You shouldn't be upset every time that there is a problem.*

7) Αυτά τα μαθήματα πρέπει _____ με προσοχή. (παρακολουθούμαι) *These lessons should be attended with attention.*

8) Εσύ είναι απαραίτητο _____ καθημερινά για να έχεις καλή υγεία. (εξασκούμαι) *It is necessary for you to work out daily in order to have a good health.*

9) Εγώ δεν θέλω _____ κι αυτός είναι ο λόγος που δεν θα έρθω μαζί σας. (ταλαιπωρούμαι) *I don't want to be in any inconvenience and this is the reason that I will not come with you.*

10) Καλό είναι αυτά τα φάρμακα _____ σε χαμηλή θερμοκρασία. (διατηρούμαι) *It is advisable (good) that these medicines be preserved in a low temperature.*

Επαναληπτικές ασκήσεις (απλή ή συνεχής υποτακτική)
Revision exercises (simple or continuous subjunctive)

1) Απόψε το βράδυ εγώ θα ήθελα _____ αργά, επειδή θέλω να δω μία ταινία στην τηλεόραση. (κοιμάμαι)

2) Εμείς προτιμούμε _____ από εσάς κάθε φορά που έχουμε ένα πρόβλημα. (βοηθούμαι)

3) Αυτά τα έργα τέχνης πρέπει _____ για να μάθουμε σε ποιον αιώνα ανήκουν. (χρονολογούμαι)

4) Δεν θέλουμε _____ όταν επισκεπτόμαστε τους παππούδες μας, αλλά δυστυχώς αυτό συμβαίνει συχνά. (βαριέμαι)

5) Εσύ είναι ανάγκη _____ από το κρεβάτι τώρα. Θα αργήσεις στην δουλειά. (σηκώνομαι)

6) Παιδιά, εσείς δεν είναι ωραίο _____ όλη την ώρα. Ήρθε η στιγμή να ωριμάσετε. (παραπονιέμαι)

7) Η Ζωή ήθελε _____ γιατρός όταν ήταν μικρή. Τελικά έγινε νοσοκόμα. (γίνομαι)

8) Ο Νώντας και ο Σάκης θέλουν _____ κάθε στιγμή των διακοπών τους. (ευχαριστιέμαι)

9) Εσύ δεν χρειάζεται _____ για την επαγγελματική σου καριέρα. Είσαι ήδη πολύ καλή. (φοβάμαι)

10) Εσείς πρέπει _____ πολύ σκληρά σήμερα επειδή χτες δεν ήρθατε στην προπόνηση. (προπονούμαι)

Συνολικές επαναληπτικές ασκήσεις (overall revision exercises)

1) Εγώ συνήθως δεν _____ πότε είναι τα γενέθλια των φίλων μου. (θυμάμαι)

2) Εμείς από την επόμενη Δευτέρα _____ το σπίτι σας κάθε βράδυ. (επισκέπτομαι)

3) Η Μαρία και η Χριστίνα θέλουν _____ σήμερα μετά την δουλειά στο πάρκο. (συναντιέμαι)

4) Εσύ _____ ήδη αυστηρός διευθυντής από κάποιους συναδέλφους σου. (θεωρούμαι)

5) Αυτά τα τραγούδια _____ τα παλιά χρόνια μόνο από ψαράδες. (τραγουδιέμαι)

6) Δυστυχώς ο καθηγητής _____ ήδη στην τάξη, πριν μπω εγώ. (έρχομαι)

7) Εσύ _____ πως δεν θα έλεγες σε κανέναν το μυστικό μου, αλλά τελικά είπες ψέματα. (ορκίζομαι)

8) Ο Αποστόλης _____ αύριο σε εμάς το τι έγινε χτες με λεπτομέρειες. (διηγούμαι)

9) Εγώ προτιμώ _____ στα ελληνικά λύνοντας ασκήσεις γραμματικής. (εξασκούμαι)

10) Εσύ αύριο _____ στις έξι το πρωί επειδή εκείνη την ώρα θα φύγουμε από το γραφείο. (κοιμάμαι)

11) Εγώ _____ πολλές φορές από την συμπεριφορά σου. Σήμερα όμως ξεπέρασες τα όρια. (ενοχλούμαι)

12) Την προηγούμενη Τετάρτη ο Πέτρος _____ πολύ αργά. Μάλλον ήταν κουρασμένος. (σηκώνομαι)

13) Εμείς _____ κάθε βράδυ στις εννιά στην πλατεία. Αν έρθετε θα μας βρείτε εκεί. (βρίσκομαι)

14) Εγώ προτιμούσα _____ από την οικογένειά μου αλλά τελικά με βοήθησαν οι φίλοι μου. (βοηθούμαι)

15) Αύριο το μεσημέρι αυτοί _____ για πολλές ώρες στο κέντρο της Νέας Υόρκης. (περιπλανιέμαι)

16) Η Ελένη και η Ευγενία θέλουν _____ κάθε Κυριακή. (προσεύχομαι)

17) Εσείς _____ από το αυτοκίνητο προτού να έρθει το ασθενοφόρο. (χτυπιέμαι)

18) Εσείς _____ ότι δεν είχατε προβλήματα όλα αυτά τα χρόνια; Έπρεπε να μου μιλήσετε για τα προβλήματά σας. (προσποιούμαι)

19) Ο αδερφός μου κι εγώ _____ για να πάμε στην δουλειά κάθε πρωί στις οκτώ. (ετοιμάζομαι)

20) Τα καινούργια μας βιβλία _____ πολύ σύντομα. Είμαστε ενθουσιασμένοι! (εκδίδομαι)

Λύσεις (answer keys)

Ενεστώτας:
Άσκηση 1:

1) βρίσκεται

2) παίζεται

3) ακούγεται

4) βάφεται

5) ερχόμαστε

6) γράφεται

7) κοιμούνται

8) θυμάστε

9) λυπάμαι

10) βλέπεται

Άσκηση 2:

1) κρατιέται

2) χτυπιούνται

3) αναριωτιέμαι

4) μιλιέστε

5) ξεχνιέται

6) ξεχνιούνται

7) συζητιόμαστε

8) περνιέσαι

9) χαιρετιόμαστε

10) πουλιούνται

Άσκηση 3:

1) αδικούνται

2) ενοχλείστε

3) θεωρείται

4) προτιμείται

5) συγχωρούμαι

6) συζητιούνται

7) χρησιμοποιούνται

8) ωφελούμαστε

9) αρνούμαι

10) μιμούνται

Επαναληπτικές ασκήσεις:

1) καταριούνται

2) λυπόμαστε

3) γίνεστε

4) φοβάσαι

5) χρειάζεσαι

6) θυμάσαι

7) σκοτώνονται

8) θεωρείστε

9) ενοχλείστε

10) ξεχνιέμαι

Απλός μέλλοντας:
Άσκηση 1:

1) θα παντρευτείς

2) θα γραφτεί

3) θα βαφτείτε

4) θα εργαστούμε

5) θα κοιμηθούν

6) θα πλυθώ

7) θα φοβηθούν

8) θα κουραστείς

9) θα χρειαστείτε

10) θα λυπηθώ

Άσκηση 2:

1) θα συναντηθούν

2) θα ευχαριστηθώ

3) θα φορεθούν

4) θα συζητηθούν

5) θα βαρεθεί

6) θα νικηθείς

7) θα στεναχωρηθούμε

8) θα πεταχτούν

9) θα πουληθεί

10) θα παραπονεθείς

Άσκηση 3:

1) θα οδηγηθούμε

2) θα διηγηθώ

3) θα απασχοληθεί

4) θα παραιτηθούν

5) θα συγκινηθώ

6) θα θεωρηθεί

7) θα διαιρεθούν

8) θα καλλιεργηθούν

9) θα αρνηθείς

10) θα ταλαιπωρηθείτε

Επαναληπτικές ασκήσεις:

1) θα εργαστώ

2) θα κοιμηθεί

3) θα τσακωθούν

4) θα ασχοληθούμε

5) θα γεννηθεί

6) θα βαφτείτε

7) θα συναντηθείς

8) θα αρνηθώ

9) θα χαρούν

10) θα θυμηθεί

Απλή υποτακτική:
Άσκηση 1:

1) να πλυθώ

2) να παντρευτεί

3) να παιχτεί

4) να σκεφτούν

5) να θυμηθείς

6) να κουραστούμε

7) να στηριχτείτε

8) να βαφτεί

9) να κοιμηθούν

10) να παρευρεθείτε

Άσκηση 2:

1) να συναντηθεί

2) να βαρεθώ

3) να τραβηχτεί

4) να πεταχτούν

5) να στεναχωρηθείτε

6) να κοιταχτούμε

7) να συζητηθεί

8) να παραπονεθούν

9) να ευχαριστηθείτε

10) να τηλεφωνηθούμε

Άσκηση 3:

1) να ακολουθηθεί

2) να προτιμηθούν

3) να ενοχληθείτε

4) να εξηγηθώ

5) να παραιτηθεί

6) να τακτοποιηθούν

7) να αδικηθεί

8) να θεωρηθούμε

9) να χρησιμοποιηθούν

10) να πωληθεί

Επαναληπτικές ασκήσεις:

1) να πλυθούν

2) να πωληθεί

3) να φιληθεί

4) να έρθετε

5) να κοιμηθούμε

6) να ευχαριστηθείς

7) να ενοχληθώ

8) να παντρευτούν

9) να βοηθηθείτε

10) να θυμηθείς

Αόριστος:

Άσκηση 1:

1) κρύφτηκα

2) κουράστηκε

3) διδαχθήκατε

4) επισκεφθήκαμε

5) πληρώθηκαν

6) θυμήθηκε

7) δανείστηκαν

8) λούστηκες

9) κοιμηθήκαμε

10) αισθάνθηκες

Άσκηση 2:

1) γεννήθηκε

2) χτυπήθηκα

3) τραβήχτηκε

4) αγαπηθήκαμε

5) ταλαιπωρηθήκατε

6) συναντήθηκαν

7) στεναχωρήθηκες

8) παραπονέθηκαν

9) ευχαριστήθηκα

10) πετάχτηκε

Άσκηση 3:

1) πωλήθηκε

2) αδικήθηκα

3) συζητήθηκαν

4) ενοχλήθηκες

5) ωφεληθήκαμε

6) αφηγηθήκατε

7) χρησιμοποιήθηκε

8) μελετήθηκαν

9) προτιμήθηκα

10) μιμήθηκε

Επαναληπτικές ασκήσεις:

1) κοιμήθηκαν

2) δόθηκαν

3) κρατήθηκες

4) συναντηθήκατε

5) έγινε

6) ενοχληθήκαμε

7) ήρθες

8) εξηγήθηκε

9) φοβήθηκα

10) αναρωτηθήκατε

Παρατατικός:
Άσκηση 1:

1) γυμναζόταν

2) αισθανόμασταν

3) μαζευόμασταν

4) λεγόσουν

5) φοβόμουν

6) ετοιμαζόσασταν

7) κοιμόντουσαν

8) εμφανιζόταν

9) ζαλιζόμουν

10) καθαρίζονταν

Άσκηση 2:

1) βαριόμουν

2) αρνιόταν

3) αναρωτιούνταν

4) παραπονιόμασταν

5) χαιρετιόσουν

6) περιπλανιόσασταν

7) χτυπιόμασταν

8) συζητιόταν

9) κρατιόσουν

Άσκηση 3:

1) βοηθούμασταν

2) μιμούνταν

3) αφηγούσασταν

4) ασχολούνταν

5) εξασκούμουν

6) κινούνταν

7) προπονούσουν

8) συγκινούμασταν

9) ταλαιπωρούνταν

Επαναληπτικές ασκήσεις:

1) χρησιμοποιούνταν

2) ερχόμασταν

3) κοιμόσουν

4) αγαπιόσασταν

5) ξυριζόμουν

6) αναρωτιόντουσαν

7) απειλούσουν

8) φοβόσασταν

9) παραπονιόταν

10) κατοικούνταν

Παρακείμενος:
Άσκηση 1:

1) έχεις βρεθεί

2) έχει έρθει

3) έχουν προσευχηθεί

4) έχετε σκεφτεί

5) έχω κοιμηθεί

6) έχουμε διδαχθεί

7) έχουν κλειστεί

8) έχουμε σηκωθεί

9) έχω ορκιστεί

10) έχετε φοβηθεί

Άσκηση 2:

1) έχουμε χαιρετηθεί

2) έχετε φιληθεί

3) έχετε αναρωτηθεί

4) έχει περιπλανηθεί

5) έχω βαρεθεί

6) έχουν συζητηθεί

7) έχει τραγουδηθεί

8) έχεις χτυπηθεί

9) έχω παραπονεθεί

10) έχουν τηλεφωνηθεί

Άσκηση 3:

1) έχεις αδικηθεί

2) έχω στενοχωρηθεί

3) έχει αφαιρεθεί

4) έχουμε απασχοληθεί

5) έχετε αφηγηθεί

6) έχουν εξασκηθεί

7) έχει κατοικηθεί

8) έχουν πραγματοποιηθεί

9) έχω παραιτηθεί

10) έχει χρονολογηθεί

Επαναληπτικές ασκήσεις:

1) έχετε απειληθεί

2) έχουν γνωριστεί

3) έχω αγχωθεί

4) έχει γεννηθεί

5) έχεις έρθει

6) έχουμε κοιμηθεί

7) έχουν μετρηθεί

8) έχει παραδεχθεί

9) έχεις τιμωρηθεί

10) έχετε φοβηθεί

Υπερσυντέλικος:

Άσκηση 1:

1) είχε κοιμηθεί

2) είχαν παντρευτεί

3) είχες βαφτεί

4) είχαμε κουραστεί

5) είχα θυμηθεί

6) είχατε σκεφτεί

7) είχε σερβιριστεί

8) είχαν λυθεί

9) είχαμε διδαχθεί

10) είχε βυθιστεί

Άσκηση 2:

1) είχε γεννηθεί

2) είχα χαιρετηθεί

3) είχατε αγαπηθεί

4) είχες περιπλανηθεί

5) είχαν τραβηχτεί

6) είχαμε βαρεθεί

7) είχε κρατηθεί

8) είχατε φιληθεί

9) είχα ευχαριστηθεί

10) είχαν πουληθεί

Άσκηση 3:

1) είχα αδικηθεί

2) είχε οδηγηθεί

3) είχατε παραιτηθεί

4) είχε χρησιμοποιηθεί

5) είχαμε συνεννοηθεί

6) είχε τακτοποιηθεί

7) είχαν παραμεληθεί

8) είχα συγκινηθεί

9) είχες προπονηθεί

10) είχαν μελετηθεί

Επαναληπτικές ασκήσεις:

1) είχε βοηθηθεί

2) είχες λυπηθεί

3) είχα ντυθεί

4) είχε συγχωρεθεί

5) είχαν παντρευτεί

6) είχαμε ξεχαστεί

7) είχε έρθει

8) είχατε μετρηθεί

9) είχαν φοβηθεί

10) είχα αποκοιμηθεί

Συνεχής μέλλοντας:
Άσκηση 1:

1) θα κοιμάσαι

2) θα έρχομαι

3) θα κουραζόμαστε

4) θα προσεύχεται

5) θα σηκώνεστε

6) θα ξυρίζονται

7) θα μαζεύονται

8) θα διοργανώνονται

9) θα γυμνάζομαι

10) θα ενημερωνόμαστε

Άσκηση 2:

1) θα αρνιέμαι

2) θα συναντιόμαστε

3) θα φιλιούνται

4) θα κουνιέται

5) θα βαριέστε

6) θα κερνιέσαι

7) θα πουλιέται

8) θα κρατιούνται

9) θα περιπλανιέστε

10) θα στενοχωριέσαι

Άσκηση 3:

1) θα ενοχλούμαι

2) θα προπονείται

3) θα κατοικούνται

4) θα μετακινούνται

5) θα διαιρείστε

6) θα ασχολείσαι

7) θα ωφελούμαι

8) θα προτιμείται

9) θα αφηγείσαι

Επαναληπτικές ασκήσεις:

1) θα προσποιούμαι

2) θα βρίσκεται

3) θα θυμιθείς

4) θα στενοχωριούνται

5) θα παντρευτούν

6) θα πραγματοποιηθεί

7) θα ξεκουραζόμαστε

8) θα αποχαιρετηθείτε

9) θα σηκώνομαι

10) θα παραιτηθείτε

Συνεχής υποτακτική:
Άσκηση 1:

1) να ονειρεύεσαι

2) να ντύνεται

3) να μοιραζόσαστε

4) να διδασκόμαστε

5) να βάφονται

6) να σκέφτομαι

7) να αστειεύεσαι

8) να γυμνάζεστε

9) να προσεύχεται

10) να εργάζομαι

Άσκηση 2:

1) να αρνούμαστε

2) να γεννιούνται

3) να βαριέσαι

4) να καυχιέμαι

5) να παραπονιέστε

6) να περιπλανιέται

7) να φοριούνται

8) να συζητιέται

9) να ευχαριστιέσαι

10) να φιλιέται

Άσκηση 3:

1) να τακτοποιείται

2) να παραιτείστε

3) να αδικούμαστε

4) να εξηγούνται

5) να θεωρούμαι

6) να ενοχλείσαι

7) να παρακολουθούνται

8) να εξασκείσαι

9) να ταλαιπωρούμαι

10) να διατηρούνται

Επαναληπτικές ασκήσεις:

1) να κοιμηθώ

2) να βοηθούμαστε

3) να χρονολογηθούν

4) να βαριόμαστε

5) να σηκωθείς

6) να παραπονιέστε

7) να γίνει

8) να ευχαριστιούνται

9) να φοβάσαι

10) να προπονηθείτε

Συνολικές επαναληπτικές ασκήσεις:

1) θυμάμαι

2) θα επισκεπτόμαστε

3) να συναντηθούν

4) έχεις θεωρηθεί

5) τραγουδιούνταν

6) είχε έρθει

7) είχες ορκιστεί

8) θα διηγηθεί

9) να εξασκούμαι

10) θα κοιμηθείς

11) έχω ενοχληθεί

12) σηκώθηκε

13) βρισκόμαστε

14) να βοηθηθώ

15) θα περιπλανιούνται

16) να προσεύχονται

17) είχατε χτυπηθεί

18) προσποιούσασταν

19) ετοιμαζόμαστε

20) θα εκδοθούν

Σημειώσεις (notes):

Σημειώσεις (notes):

Σημειώσεις (notes):

Printed in Dunstable, United Kingdom